해풍, 일어나다

해풍, 일어나다

강석우 시집

문학의전당

| 차례 |

1부
출항, 그 고독으로의 여행

2부

단상斷想의 공간

3부

삶의 변화를 따라

4부

그리움의 나라–어머니 그리고 고향

5부

삶의 농축–사랑과 우정

6부
방랑의 그림자

7부
어부가 되다

| 서문 |

삶에 대한 주체할 수 없는 걱정을 이기려고 번민하던 시간들과의 싸움 속에 살아온 자취들을 모았다. 고난의 시간이라고 생각해 온 세월들이 축복이었음을 깨닫는 순간, 삶은 이미 많이 와있었더라. 겨울 채비를 해야 한다고 하면서도 어영부영하는 사이 어느새 계절이 깊어지고 있음을 느끼곤 했다. 그 부적절함을 한탄하고 텅 빈 거리를 홀로 밟으며 다짐만 하고는 또 다시 멈춰 버리던 자신을 되돌아본다.

자아에게 채찍을 들고 싶었다. 세월의 남음이 많지 않음이다. 자연이 주는 예후睿候를 알아채지 못한 대가가 얼마나 신랄한지를 알게 되는 확인의 시간이 두려웠다. 매듭이 필요하다고 느꼈다. 살아가는 과정의 변곡점에서는 사물과 현상을 차분히 직시할 필요가 있다. 모든 것을 햇볕 아래 내어 놓고 찬찬히 바라봐야 할 때가 있다. 나에게 그 시간이 왔다고 느끼는 순간 온몸에 전율이 왔다.

어머니에 대한 애절함과 수구초심首丘初心의 향수에 겨워 감히 '시詩'라는 이름에 기대어 보낸 인고의 숱한 궤적들을 이제 나신裸身으로 맞닥뜨린다 생각하니 퍽도 부끄럽다. 그래도, 문학적 흠결을 뛰어넘어, 나 자신을 무대 위에 세워 객석의 따가운 시선을 감내하겠다는 용기는 오로지 내 삶의 지배적 욕망인 〈도전과 창조〉를 끌어낸 근원적 에너지, 고향 산하가 유산으로 안겨준 그 당당함과 도도함 때문이리라.

순간순간 길목을 지켜주시던 선배님들과 고락을 함께해 온 동지들의 환호와 절규가 메아리로 밀려온다. '용기를 잃어서는 안 된다' 던 거센 파도 속 아버지 고함소리도, 우리 어머니의 그 애절하던 눈빛도, 처자식을 떠나 머나먼 이국땅에서의 차디찬 외로움도 이제 모두 몸속으로 녹아들었다. 아직 나에게 남겨진 시간의 길이를 가늠해 본다. 고성의 산능선을 바라보며 섬으로부터 탈출을 꿈꾸던 어린 시절과 '해피' 의 바람을 타고 무시로 철없이 뛰놀던 그때 그 미륵산의 정취가 그리워지는 계절에 해 보는 반성과 자성이다.

1부
출항, 그 고독으로의 여행

전영근 작

사량도를 떠나오던 날

통영중학교를 가려고
사량도를 떠나오던 날
나는 울었다.

어머니는 가슴으로 울고
할머니는 슬픔으로 울고
나는 희망으로 울었다.

그날 이후

어머니를 뵐 때마다
안타까움으로 울고

고향산천을 만나면
반가움으로 울고

옛 친구들의 소식에는
그리움에 울었다.

다시 고향으로 돌아갈 때의
눈물을 생각해 본다.

섬사람

뱃길로 오고감이 수십 년

육지를 떠난 배가
해피海皮를 가르고 고향 섬으로 다가가니,

어부의 삶을
어느새 숙명으로 여기고 살아가는 낯익은 모습들이
하나 둘 다가온다.

더러는 밧줄에 손가락이 잘리고
더러는 다리가 잘려 나가도
피 묻은 고향땅을 끝까지 지켜주는 사람들

그들이 있어 고향
섬나라가
더욱 반갑구나.

가을이 오는 길에

자꾸만 변해 가는
계절 앞에
쓸려 가는 인생이
가없이지면
나는 또 조금씩 자연으로 다가가고

버려진 여름의 땀 냄새도
찬바람에 흩날리겠지

돌아보면 아득한 기억 속에
희미한 옛 낱말만
산만이 나뒹굴고

허공 속에 멀어져 가는
여름은 또 그렇게 가더이다.

가을이 깊어지면
외로움은 더 가까이 오고
홀로 서 해풍을 감내하던 시애틀의 조각품처럼
삶은 처절할 거야.

가슴에 피어 있는 무지개야
하늘가에 매달리고 싶어서
만 년 동안 흰 눈을 덮고 기다리던
레이니에 마운틴이야

서러워지는
가을에
더 아름다워라.

*레이니에 마운틴은 시애틀에서 자동차로 4시간 정도의 거리에 있는 산이다.

하와이에서

이제 돌아갈 때가 되었나 보다
쉴 새 없이 밀려오는 하얀 파도를 타고

바다 끝을 향해 달려 온
섬 소년의 꿈이
아직 다하지 않았는데도
반환점은 쪽빛 바다와 함께
벌써 내 곁에 와 있나.

온몸으로
나를 감싸 안던 통영 바다

그 고향 바다처럼 아름다운
호놀룰루 푸른 물결도
지친 나그네의 휴식조차
거부하더라.

이제 돌아갈 때가 되었나 보다
엄마의 숨결이 기다리는 고향 바다로

갈매기가 우리 아버지 머리 위로 날아
나의 가슴팍을 내리치던
그 바닷가로.

이순신과 통곡

이순신은 나라 앞에 통곡했고
나는 그의 언어 앞에 통곡했다.

조선의 장수끼리 그리도 다른 것에 통곡했고
저들이 품은 서로에 대한 적의에 통곡했다.

가족과 부하 사랑하는 마음으로
번민하는 그의 안쓰러움에 통곡했고
또한 그 처절함에 통곡했다.

통곡해도 소용없는 메아리에 통곡하고
상부의 무능이라도 따라야만 하는
그 상황에 통곡했다.

이순신이 통곡할 때마다 통곡하고
통곡하고 있는 것이 안타까워 또 통곡했다.

*김훈의 『칼의 노래』를 읽고, 드라마 '불멸의 이순신'을 보면서 흐르는 눈물을 감출 수 없었다.

구등龜藤

구등에서 태어나
오기로 살아온 삶

거센 물살이 밀려오면
앞 어깨로 맞받아치고
더 깊은 바다로
나아가던 고독한 여행

온 가족을 무등 태우고
떠나려 해도
점점 더 거세어져 가는 바다

저 모서리를 돌면
조류가 약해지려나?

그래도
광활한 바다로
나아가야 한다.

거친 운명의 파고를 넘어야

더 큰 자유가 있을 것이다.

*태어난 곳이 풍수지리학적으로 거북이 어깨에 해당한다.

꿈 이야기 1

대로를 행군하던 우리 부대가
큰 암산으로 길이 막혔다.

무리가 끌고 온 대포로
내가 쏜 총알 3발이
태산 같은 바위를 가르고 길을 열었다.

3일 후에 떠날 수 있다는
인솔자의 명을 따라
기다렸다.

그리고 또 긴 여정을 다시 떠났다.
꿈길처럼 찬란한 세상을 따라…

*행정고시 합격자 발표 3일 전에 꾼 꿈 이야기.

동간정東幹停

푸르른 구름을 머리에 이고
겨레의 정기 뻗은 관악산 아래

여기
동녘을 향해
태초의 모습으로 꿈틀거리는 몸부림이 있다.

남국의 하늘을 바라보고
머나먼 이국의 향기를 그리워하며
쓰라린 가슴으로
날마다 날마다 임을 기다리던 우리들

이제 모두 한 자리에 모여
무궁화 땅 갖은 빛깔로
동간정東幹停 우뚝 솟았네.

너, 동간정이여!
고통하는 조국의 심장 위에
푸른 물줄기를 흐르게 하라

오늘 가슴 벅찬 항해는
내일 거센 풍파 밀려오는 날에도
노상 빛으로 충만커라

겨레가 하나 되어 온 누리를 덮는 날까지
벌 떼처럼 일어나
그대 뱃길을 가라

평화의 그날이 노도처럼 밀려오면
우리
함빡 웃음으로 큰 포옹을 하자

* 동간정은 중앙공무원교육원 신임관리자 과정 34기 동기회 명칭(행정고시, 외무고시, 기술고시)으로, 이 시는 수료기념 축제 때 본인이 자작 낭송한 것이다.(교육부 김규태 및 전북도청 유기상 학형이 싯귀의 일부를 주다.)

통영인의 어느 하루

출렁이는 격정은 통영에 묶고
우리는 하나로 여기에 섰다.

이순신 장군의 고함소리에 놀라
5대양 6대주를 질풍처럼 내달리던
통영인들이
오늘은 사랑으로 나란히 섰다.

하얀 공에 정을 매달아
남쪽하늘로 세차게 쏘아 올리며
선배도 후배도 가슴을 열었다.

푸른 잔디 길을 따라
삶의 무게로 처진 아우의 어깨를 어루만지며
서로 안도의 호흡을 나누었다.

거센 항해가 끝나
귀향하는 날에도
통영의 깃발을 높이 달고
'돌아가는 배' 에 함께 몸을 싣기로 했다.

그 환희의 시간을 기다리며…

*2009년 통영인 자선 골프대회를 기념하여 이 글을 쓰다.

절망의 계절

낙망하고 방황하던
내 영혼의 흔적을 찾아본다.

끝닿는 곳이 어딘지도 모르고
추락하는 자아를 움켜쥐고
문둥이처럼 서러워하던 시간들과

위로하던 이들도 지쳐,
버려진
자신을 발견하고는
어찌할 수 없는 외로움에 몸서리치던 날들과

너무 심각해 보인다면서
예수를 믿으라고 다가오던
신사동 사거리
어느 중학생의 모습을 떠올려 본다.

나를 찾아 헤매던 그 수많았던
순간들과
그리고 그 과정에서 가까워지고

또 멀어져간 사람들을 그리워해본다.

이 모든 것이 살아가는 과정임을
느낄 때 이미
삶은 저만치 가 있었더라.

나의 신앙

누가 나에게 종교를 물으면
나는 이순신교도라곤 했다.

사량진 왜변을 가르치던
선생님께서
'너는 이순신의 후예' 라고 하셨던
말씀이 씨가 되었다.

이순신교는 교리가 사랑이다.
나라, 동포, 부하, 가족

이순신교는 교리가 강직이다.
불의와 타협하지 않고,
권력에 아부하지 않고,
명예를 탐하지 않고

그리고 통곡이다.
안쓰러운 나라에, 무능한 군주에, 헐벗은 부하에,
굶주린 백성에, 여리고 연민 가족에,
그리고 어쩔 수 없는 자신의 운명 앞에

푸른 신념

여리고 여린 가슴에
푸르고 깊은 신념을
채워야 하는
생의 길목에 서 있다.

홀연히 다가온 바람결에도
못 이겨,
끌려 다닌 삶에 대한
형벌이 점점 거세지고 있다.

모진 비바람이 휘몰아쳐도
몸 가리개 하나 없는
이 세상에 서 있다.

이제 어디로 가야 하나
거친 광야에서

신념의 뿌리만이
나를 지킨다.

2부
단상斷想의 공간

이한우 작

허무

산산이 찢어져
조각 난 서러움이여

아무런 명분도 없이 힘센 무리들에게
이리 밀리고 저리 쫓겨
살점마저 사라진 앙상한 모습으로
처절한 몸부림만 계속하고 있는
눈먼 사슴이여!

살 · 려 · 달 · 라는 아우성이
허공 속에 빈 메아리로 돌아오던 날
절망의 잔을 돌리며
서로의 눈가에 비친 허무를 보았지.

언젠가는
존재의 그 허울이 사라지고
남겨진 뼈다귀마저도 삼켜져 버린 날
그때도
저들은 축제의 춤을 추겠지.

단풍

무릎을 맞댄 채
칠보색 빛깔이 선명한 호수에
얼굴을 비추어 본다.

시시각각 변해가는
너를 보면서
머지않아 또 보내야 하는 너를 생각해 본다.

총천연색 가마를 타고
하늘빛 신랑을 만나던 새색시야,
고운 모습으로 불꽃놀이를 즐기려무나

너를 질시해
흰 눈꽃이 내리기 전에
밤에도 잠들지 말고
달빛 속에 황홀하거라

너를 엿보는 이에게도
너에게 숨어드는 이에게도
시간은 그렇게 흘러가는 것이니

석양 위의 자유

머리 위에 자유가 얹혀 있고
하늘 위에 젊음이 떠 있어
여유와 격정이 공존하는 공간

석양이 이마에 와 닿을 즈음
미풍은 간간이 영혼을 흔들고
산야가 정답게 다가올 때

삶의 바퀴를 잠시 멈추고
추억 속으로 떠나고 싶다.

가슴 저미는 얼굴들이
감격들과 함께 밀물처럼
밀려올 때

낯선 바다는
떠나길 재촉한다.

독수리의 날개

밥을 많이 먹으면 멀리 날지
못해 조금씩만 먹는다는 독수리

날개에 인연의
돌을 매달고
날려는 사람아
밥도 굶는 독수리를 보렴.

'물 좀 주소' 하고 외치던
친구의 노래 가사가
회오리치던 날

나는 외쳤지
내 날개에 돌을 매달지 말라고

큰 새를 품으려면 큰 가지가 필요하다

대지의 기운을 새와 함께 느끼고
바람소리로 세상을 더불어 노래하려면
나뭇가지를 튼튼히 해야 한다.

새가 내려앉아도 가지가 버텨야
모두가 안식할 수 있다.

큰 새를 품으려면
더 굵은 가지를 만들어야 한다.

바람이 불어와도 휘날리지 말아야
언젠가 떠날 새라도
쉬어서 가게 할 수 있다.

묵상을 넘어

파도에 발을 담그고
고요를 기다린다.
어디서 시작된 파도일까?

끝 모를
생각 속에 현실을 넣고
평화를 기다려 본다.
어디서 시작된 번뇌일까?

갈수록 쓸쓸해져 가는
삶의 허한 모습 앞에서도
끊임없이 다가오는
생에 대한 의문

오늘은 인생이라는 주점 앞에서
서성이지 말자

백 년의 형

잡히면 네가 아니고
놓치면 내가 아닌데

잡혔으면
시름시름 앓다가 죽었을 거고
놓쳤으면
좇아가 죽였을 텐데…

널 죽일 수가 없어서 탈출시켜
대신
百年 동안의 그리움의 형을 주었지.

그 복역시간이 남아
아직도 행복한 것은

카유가 호수 위의 맑은 하늘가에
설레고 있는 내 가슴 때문이겠지.

* 카유가 호수는 핑크레이크 중 하나로 미국 코넬대학 근처에 있는 호수.

칼의 노래

'칼로 흥한 자 칼로 망한다' 지만
흥해보지도 못하고 칼에 찔려 죽은 자는
너무 억울하다.

역사는 칼을 든 자가 지배해 왔으니
칼을 들지 않았어도
죽어 가던
선조들의 처절함.

지금도 칼을 든 자가 죽이고
또 죽는 전쟁은 계속되고 있다.

진정한 장부이고 싶다면
아들아,
힘을 키워라.

칼에 찔려 죽는 것보다는
칼로 흥해 칼로 망하는 것이
삶의 본질에 가까운 세상을
우리는 보아 왔다.

슬프지만 그게 현실이었다.

인생은 배신이다

손자孫子는 그렇게도 사랑하던 할머니를 잊고
아들은 또 애비를 잊고
미망인은 남편을 잊고
사랑은 헤어진 연인을 세월 속에 묻고…

이것도 배신이라면
삶은 배신의 과정이다.

모두가 모두를 잊어가는
배신의 연습 속에
삶은 벌써 목적지에 도달해 간다.

편견의 흐름

어찌할거나
이 아픔을

확인도 없이 달려드는
세상의 편견을

그래도 말 못하고
받아 들여야 하는 현실

아니라고 아우성치면
그럴수록 더 거칠어져 가는
편견의 늪

세상 변화

삼라만상은 변한다.
이것을 깨우치는 것이
가장 큰 깨우침이다.

변하는 것에 삶을 맞추는 것이
가장 자연스런 움직임이다.

흐름을 즐겨라,
계절의 변화를 즐기듯이

미완성의 공간

'탈고 안 될 전설' 의 공간 속에
나를 던져보자.
알 수 있어도 알 수 없어도,
마음속 미완성의 성을 남겨 놓자.

나의 삶에 담지 못한
아쉬움으로 성문가에 다가가
가끔씩 들여다보자.

갈구의 몸부림만이 상흔으로 남아 있을
성벽 위에
학습의 아픔들로 채색을 하고,

또다시 외로움이 다가오면
그때 그 지친 메아리를 찾아
봄노래 울리는 창가로 나를 불러 보자.

이별 용서

나그네처럼 다가와
천년만년 인연을 맺고도
티끌 같은 오해가
원수 같은 원한을 일으켜
끝내 가슴을 열지 못하고 멀어져 간
사람들의 얘기도

운명처럼 만나
'목숨보다 소중' 하다던 그 연緣이
무정한 삶의 소용돌이와 함께
가을 찬바람에 흩날리는 낙엽처럼
허무하게 사라져 갔다는
연인들의 얘기도

다 우리가
힘겹게 지고 가야 할
삶의 무게이겠지.

무게의 더함과 덜함이 있을 뿐
'상처받지 않은 영혼' 이 어디에

있으며
문드러지지 않은 가슴들이 어디에
있겠는가?

3부

삶의 변화를 따라

이한우 작

피포식자의 아우성

포식자는 말없이 다가와 사정없이
먹이를 낚아챈 다음
죽는 자의 무리들이 일으키는
일순
혼돈의 격정을
뒤로 한 채 유유히 사라진다.

살겠다는 요란한 아우성이
포식자의 귀에는 한 점의
바람결에 불과하다.

날카로운 갈퀴 속에
사그라지는 동료의 목숨을 멀리 한 채
그들은 서둘러 길을 떠난다.

거위들이 애달피
울던 노르우드의 달밤에도
생과 사는 그렇게
바뀌어 가더라.

* 노르우드norwood는 뉴저지 주 버겐카운티에 소재하는 작은 타운으로 곳곳에 숲이 있다.

계절의 뒷모습

나뭇잎이 나뒹구는
가을이 오기 전에도
여름의 뒷모습이
그렇게 넉살스럽더니

이렇게 아름다운 단풍이 한창인데도
왜 자꾸 가을의
뒷모습이 걱정될까?

봄에는 잊고 싶었던
겨울의 뒷모습이
여름에는 잊혀지지 않는
봄의 뒷모습이

저마다 있어야 할 특성을 지닌
계절을 두고
사람들이 싫다 좋다 한들

오고가는 변화 앞에
무상만이 더해 간다.

봄 · 여름 · 가을 · 겨울을 따라

허드슨 강을 따라

허드슨 강을 따라
오고가는 시간
흑인 여자 운전자의 흥겨운 춤 놀이를 옆에 두고
자동차 물결이 이어져 간다.

강물 위의
선율을 타고 삶이 찬찬히 떠내려가도
여인의 행복함은 끝이 없어라.

부딪히는 눈길에는 웃음을 주고
이내 강물 위로 시선을 옮겨
행복한 고갯짓은 이어져 간다.

비에 젖은 맨해튼에
힘들었던 운전들도
허드슨 강가의 낭만이 앗아 가니,

도시가 강가에 있는 이유였나 보다.

양지 고시원으로 난 눈길

말없이 사라진
그림자를 찾아
칼날 같은 눈밭 위로
새벽 마음을 옮겼다.

하얀 땅 위에
사슴 같은 발자국을
남기며 길을 열었다.

마을 어귀
양지 고시원에는
지친 영혼들이
줄지어 누워있었다.

어느 이가 진짜인지
알 수가 없었으나,
나란히 늘어선 신발 속에
외로이 떨고 있는 하얀 영혼 하나가
붙잡혔다.

이제는 안심이라는
그 목소리로
그해 겨울은 짧았다.

남십자성

남십자성 별빛을 따라 가면
거기에 천국이 있을 것 같은
착각 속에 한여름 밤을 보낸다.

모래알을 뿌려 놓은 것 같은
남부 호주의 별 밑을
밤을 도와 달렸다.

썬 루프 위로 고개를 내밀어
밤하늘 속 혜성을 보고
탄성하는 아이의 목소리가
남반구의 하늘 아래 길게 퍼져 간다.

맑은 파도 소리는 끝없이 밀려오고
자동차 불빛을 받아 토끼들은 춤을 춘다.

한여름의 여흥이 길게 이어졌다.

반 고흐를 생각하며

달이 숨겨진 밤에도
반 고흐의 별은 빛난다.

여인의 고운 살결을 숨쉬며
밤은 점점 다가오고,

몽롱한 영혼 위로
추억은 조금씩 잠들어 간다.

삼바춤으로
출렁이는 겨울밤!

남미의 정열이 무르익어
사랑의 냄새들이

향기를 품을 때
달빛이 다시 창가로 다가오니

빈센트의 그리움으로
그 밤은 너무 깊었더라.

삶

삶의 본질은 외로움이다.

세상의 모습을 있는 그대로 볼 수 있다면
이제
실존의 가치를 깨달음이다.

더하거나 뺌 없이도
나의 존재가 선명해진다면
그것은
참 자유를 얻음이다.

외로움 속에 나를 던져
가라앉지 않는다면…

이별연습

살을 헤는 아픔으로 다가오는
헤어짐들이 또 다시 시작되었다.

만남이 헤어짐을 염두에 두어야 하는
순간
기쁨도 잠시 뿐
보내야 함을 준비하는 시간
슬픔만이 고요히
가슴에 젖어든다.

우리 작은 아이가
달빛을 보면서 잠든다고 하던 날
나는 또 멀리서 저 달을
함께 보는 줄도 모르고 있어야 할
밤들을 생각한다.

예견을 뒤로 미루고
껴안은 살결에는
핏줄의 정이 흐른다.

아이야.
조금씩 다가오는 떠남의 시간을
미리 준비토록 예정된
삶이 싫다.

인생이 이러다가 영영 가버리는 것을
우리는 영원히 살 것처럼
헤어짐도 태연히 바라본다.

그래도 어째 텅 비어 가는
가슴을 쓰다듬으면서
밀려오는 그리움을
애써 느껴 본다.

이별이 버릇처럼 반복되어도
혈육의 정은 매섭게 가슴을 파고든다.

* 뉴욕에 머무르는 동안 아내와 아이가 1년간 서울과 뉴욕을 오가면서 살아오던 시절을 글로 썼다.

길을 찾아서 시간을 찾아서

길이 없다고 갈 수 없나
초롱초롱한 이국의 밤하늘은
천 리 길 만 리 길 넘어
내 영혼을 고향땅에 가 있게 하더라.

흘러갔다고 되돌릴 수 없나
푸르디푸른 외로움은
내 마음을 삼십 년 전 사십 년 전 추억 속에
가슴 뛰게 하더라.

차가운 밤과 처연한 외로움에
기쁨과 설레임을 덧칠하는 것은
내 삶의 날들이 너무 많이
와 있다는 역설일까?

그래도
그립고
그리워서 더 그리운 것은
고향과 젊음에 대한
회한 때문일 거야.

시공을 넘나드는 상상의 유희는
짙어가는 삶의 무게에
풍선을 달아주는
것이겠지…

주례 이야기

사랑하는 이가
'바닷가를 걷고 싶다면
해안선이 되어 주고
빗속을 걷고 싶다면
우산이 되어' 줄 수 있는
아름다운 사람들의 인연 속에
나아가는 것은 인생의 축복이다.

사랑의 주제가를 함께 부르며
제발 너를 위한 나의 삶이기를
외치는 이들에게
가까이 다가가는 것은 존재의 보람이다.

우리는 증인이 되어 그들을 지켜봐야 한다.
모진 세파에 시달려 마음이 서글플 때
기쁨이 밀물처럼 그들을 덮칠 때도

사랑의 약속 속에
나도 있어야 한다.

탈북자와의 만남

헝클어진 마음들을 간신히 추스르고
유엔빌딩에 나와 있다.

그래도 왜 조국을 버렸느냐는 비아냥거림에도
혹시 무슨 죄를 지어 여기로 도망쳐 왔느냐는 물음에도
애써 의연하려는 그 모습에
가슴은 자꾸만 시리어 온다.

영화 〈25시〉 주인공
안소니 퀸처럼 웃으려 웃으려
애를 써도 웃지 못하는 이들.

왜 저들이 저기에 저 상황으로
있어야 하는지
누가 저들의 삶의 빚을 갚을 것인가.

꼬리가 머리를 움직이다

악어에 물리는 누이를
꼬리를 잡아 구출한 아이야.

누가 너에게 그걸 가르쳤느냐?

누이를 살리고 싶은 급한 마음이
세상사 이치를 깨우쳤구나.

그래
꼬리가 머리를 움직이는 것을…
꼬리가 움직여야 앞으로 가고
꼬리가 움직여 방향을 바꾸는 것을…

누가 머리가 꼬리를 지배한다고 가르쳤던가?

인간시장

영혼의 그림자를 따라
비탈진 계곡 아래
삶의 애환들이 길손처럼 남아 있다.

쓰라린 기억들로
밤잠을 거르는
고뇌의 꿈길이
처연히 괴롭다.

해탈의 허위를 뒤집어쓴 이는
아직도 육신을 인간시장에 파묻고 있나?

꿈 이야기 2
–수국의 호랑이

높은 절벽을 병풍처럼 껴안은 바닷가
바위 위에 호랑이들이 기마전을 한다.

여러 단계로 층층이 탑을 쌓아 차례로
쏟아 내리니 물살이 틈을 갈라
거칠게 내몰린다.

산 속의 제왕이 바다를 점령하고
바다의 주인들은 간 곳이 없다.

그래도 바다는
수십 마리의 호랑이들이 요동쳐
일으키는 물살을
너그러이 받아 들여
평화를 다시 불러 온다.

생각이 머무르는 곳

상념의 그림자가
일상 속으로 밀려오면

삶 속에 묻혀 있던
남겨진 그리움이
유령처럼 떠다닌다.

세월이 가도
생각은 머물러

빈 우체함 속을
헤집고 다닌다.

자카리아와의 만남

힌두교적 평화를 온몸에 안고
세상을 통째로 품고 있다
그 강인한 눈빛으로.

오는 이를 막지 못하고
가는 이를 잡지 못한다는
여린 지성.

청산의 유수처럼 쏟아지는 언어 앞에
복잡한 세상사를 한 줄기 물길로
재단하는구나.

무저항의 저항을 넘은
지적 유희는
정제된 보석처럼
찬란히 빛나더라.

* 뉴스위크 편집장인 파리드 자카리아는 『The Post American World』의 저자.

완성된 사랑을 향해

마음의 불을 켜고
가슴의 창을 열고
하나둘 밀려오는 상념들을 맞이한다.

헤아릴 수 없는 생각의 가지들을
손에 들고
내 아들의 미래를 점쳐 본다.

쏟아지는 삶의 무게를 등에 지고
내 아들을 향한
사랑 줍기를 계속하고 있다.

완성된 사랑을 향해
애비 된 자가 할 수 있는 일들을
더듬어 본다.

단장斷腸

가슴을 풀어 놓을까
거친 목마름

산산이 흩어진 비행기 형체에서도
가엾이 난파된 어선의 갑판 위에서도
처절히 부서진 자동차 속에서도
사랑하는 이의 단장의 메아리가 쏟아지더라.

제 길로 못 가고
서성이는
아들의 방황에도
엄마의 마음은
단장으로 무너지더라.

하와이 사탕수수밭 흔적 아래

사탕수수밭으로 끌려간
그들의 눈에도 하와이가 아름다웠을까?

피땀으로 얼룩졌을 흔적을 찾았으나
방치된 옛 땅에는 빈 메아리만 적막하고
땀으로 뒤범벅되었을
그 땅 위에는 잡초만 무성하다.

화산섬 덩어리 위에 각자는
민족의 한을 남기고
이승만 대통령이 마지막 날들을 보냈다는
산중의 병원에서도
그들의
애환이 덩어리로 남아 있더라.

아 ! 그 6월의 하늘

들불처럼 번져가는 붉은 물결 위에
'대~한~민~국, 오~ 필승 코리아' 로 하나가 된
우리 대한민국 국민들.

반만 년 역사 위에 언제 우리가
민족의 정기를
이렇게 만방에 떨쳐 본 적이 있었던가?

화산처럼 분출하는 열정 속에서도

질서와 정연함을 잃지 않은
그 고고함에

온 세계가 놀라
경천동지라 했던가.
2002년 6월의 한반도!

서로가 서로를 얼싸안아,

대한의 국민 됨이

진정 자랑스러웠던
그 가슴 뿌듯함이여.

아!
거룩하고 위대한
대한민국 국민이여.

그 파란
격정의 하늘 아래,
핏빛으로 물들었던
감격의 순간들이여.

* 2002 한 · 일 FIFA 월드컵 당시 정부홍보총괄팀장을 겸임하면서 그 느낌을 적었다.

남북한이 하나 된 시드니 올림픽

남북한이 동시 입장하던 날
메인 스타디움 하늘은
함성으로 뒤덮였다.

한반도 기를 든 선수단 기수를 따라
멕시칸 식 웨이브를 그리며
11만 관중이 일제히 기립박수를 보내고
나는 어느 호주인과 감격의 포옹을 나누었다.

* 2000년 시드니 올림픽 입장식에 참석해서 현장의 느낌을 적다.

산의 변화

봄 산은 신비롭다.
여름 산은 심오하다.
가을 산은 화려하다.
겨울 산은 솔직하다.

신비한 산에 올라
미래를 보고
심오한 산에 올라
현재를 보고
화려한 산에 올라
환희를 보고
솔직한 산에 올라
과거를 본다.

점령군

점령군은
군화발로도 오고,
문민화로도 오고
국민화로도 오고
참여화로도 오더라.

점령군이 떠난 자리에 남겨진
상처들을 밟으며
또 다른 점령군이 다가오니
전선은 자꾸만 거칠어져 간다.

묘비명 쓰기

'우물쭈물하다' 놓치지 말고
행복한 눈물로 묘비명을 쓰자.

'큰일 났다. 봄이 왔다' 외치기 전에
담장을 둘러놓고 미리 봄맞이를 하자.

때 늦은 후회들이
삶의 파고를 넘기 전에
지나간 세월들을 불러 모아
용두레를 틀자.

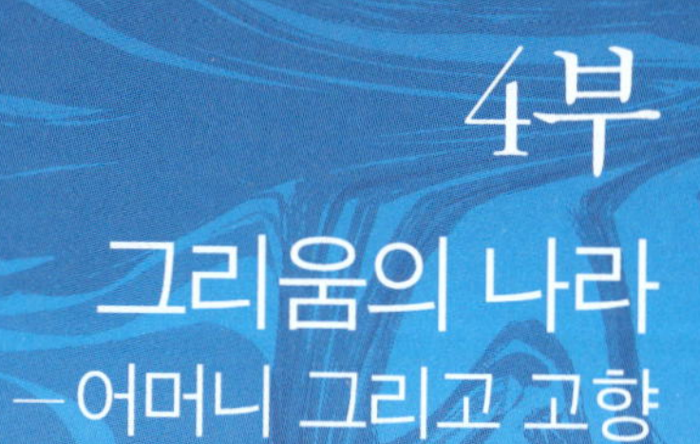

4부

그리움의 나라
―어머니 그리고 고향

이한우 작

나의 소원

이 세상에서 가장 행복한 것은 어머니가 있다는 것이다.

어머니는 원망하거나 분노할 때도 사랑이다.
증오하거나 미워할 때도
어머니에게는 또 다른 마음이 함께한다.

아들보다 하루 더 사는 것이 자기의 소원이라는
어느 장애인의 어머니.

어머니 마음을 깨닫기 전에
어머니가 없어진 세상.

어머니를 등에 업고 세상 끝까지
가보는 것이 나의 소원이다.

그리워서 더 그리운 어머니

빗소리에 놀라 일어나
어머니의 목소리를 듣는다.
돌아가셔서 더 큰소리로 얘기하시는
우리 어머니.

싫은 이도 싫다 않고 좋은 이도 좋다 않고
다 삼키시더니
그 참음이 한恨으로 쌓였소?

어찌 그리도 말을 아껴
인내가 병이 될 때까지 있었는지.

비가 오는 날에는 더 서러워진다.
어머니의 가슴을 쓸어내려 주지 못한
이 자식의 눈물이려나.

날이 어서 밝아오면 좋겠다.
하늘 어느 쪽 무지개 속에
우리 어머니의 모습이 있을 것이다.

‘기다려 주기만’ 바라다가
손님처럼 떠나버린 어머니.
서러워 울어 봐도 가슴은 더욱 메워든다.

그래도 눈물이 마르기 전에 우리 엄마의 강직한
자태를 하늘가 어디에서 또 만날 수 있을 것이다.

어머니의 눈물

만 리 길 떠나는 자식을 바라보며
더 먼 이별에 힘겨워
하시던 어머니.

어릴 적에는 부모 버리고 떠나더니
이제는 처자식 버리고 떠나느냐며
탄식하시던 어머니.

그래도 자식 마음을 헤아려
사랑으로 놓아주시며
돌아서서 눈물 훔치시던 어머니.

이제 그 눈물마저
그리움이 되어버린
우리 어머니.

어머니 산소

고향 앞 바다에 서면
제일 먼저 어머니 산소를 바라본다.

반가움과 안타까움에 눈물이 난다.

객지에서는 어머니라는 이름만 들어도
눈가에 눈물이 고이더니,
오늘은 목이 멘다.

멀리 있을 때는
계절이 바뀔 때마다 어머니 산소 주변의
색깔 변화를 생각해 보았다.

언제쯤이면
눈물 없이
어머니 산소를 만날 수 있을까.

어머니의 어머니

고향집 마당에 들어서면
버선발로 뛰어 나와
'아이구 내 새끼야
네가 왔구나' 하고
반기시던 우리 할머니

부음소식을 듣고
믿기지 않는 마음으로 달려간
그 길은 왜 그리도 멀었는지.

텅 빈 세상 위에 모여 있는 사람들 사이로
고요했던 얼굴이 되살아나던
그때 그 환상이 지금도 생생합니다.

어쩔 수 없는 삶의 법칙 앞에
몸부림치며
자신의 무기력함을 탄식하던 시간……

돌아가시면서도
맏손자가 보고 싶으면

큰 손가락 하나를 펴라니까
모진 세파에 시달리던
그 손가락을 펴셨다니…….

아! 또 눈물이 난다.

가을바람이 그렇게 쓸쓸하던 날
사랑하는 손주들을 남겨 놓고
할머니도 그렇게 홀연히 가시더라.

고향에 돌아오던 날

가슴 뛰는 나머지 삶은
여백으로 남겨 놓고
이제 통영으로 돌아왔다.

홍안의 코흘리개로 길을 나섰던 이가
지구 끝을 돌아
백발을 안고 고향땅에
돌아왔다.

옆집 덕순이도
이웃집 아주머니도
모두 백발이 되고
더러는 먼저 가셨더라.

알아보는 사람들이
적어져 낯설기도 하지만
고향집 앞바다 냄새는
할머니, 어머니 계실 때와
같구나.

진정한 사나이가 되어달라던
우리 아버지의 고함소리가
아직도 메아리로 남아 있는 것을
어찌할까나?

내 고향 사량도

사량 사량 내 사량아
아랫 사량 웃 사량에
정든 사량 내 사량아

동강을 거울삼아 자기 얼굴 비추면서
서로서로 잘났다고
자랑하는 내 사량아

옥녀봉 칠현봉에 사랑을 가득 담아
달바구(지이망산) 올라서서
사방을 둘러보니
세상이 내 손 안에
한 줌으로 다가오네.

육지가 너를 버렸느냐
네가 바다 가운데로
가고 싶었느냐

멈춰선 그 자리가
멀리도 가깝지도 않으니

사람들이 부러워
사량도蛇梁島라 했겠지?

* 초등학교 4학년 때 쓴 시를 다시 보태어 쓰다.

5부

삶의 농축

ㅡ사랑과 우정

전혁림 작

지금도 그대 곁에 있고 싶어라

설레임이 일어나는 이른 봄날에
혜성처럼 다가온 하얀 그림자.

해오름의 신비를 안고
성큼성큼 다가온
하늘빛 눈을 가진 여인.

그대는 정녕
가까이에 피어난 난초인가?
먼 곳에 서 있는 학인가?

당신의 그 모습 들려오는데
숨 가쁜 생의 적막 거둬 가는데

이날이 가고 나면 새날은 오고
지금도 그대 곁에 있고 싶어라.

나의 이데아

노도처럼 밀려와 태산 같은 감격을 쌓으시는
아! 당신은 누구십니까?

메마른 대지에 폭우를 쏟으시고
부서진 가슴에 질서를 만드시는
나의 이데아!

뛰는 심장이야 두터운 갑옷으로
가릴 수 있겠지만
그대를 향한 화살 같은 시선은 또 어찌하오.

누르고 또 눌러도 활화산처럼
용솟음치는 필링Feeling이여

우산과 핸드폰

우산 속에서 나아갔던
사랑의 애절함은
천만 리 이국의 하늘 아래
핸드폰 속으로 다가가고

거칠어진 운명의 비가 싫어
우산을 주섬주섬하다
오만 일상을 지닌 핸드폰을
두고 온 날.

'그대의 차가운 손' 의 기억 때문일까?
삶에의 깊이가 커질수록
가슴은 무거워 온다.

달콤하던
우산 속의 밀어들이
핸드폰 속의 혼돈으로 다가올 때

사랑이야,
너의 행로도

아날로그가 디지털로 바뀌는
세월 따라 흘러 왔구나.

석룡石龍산에서 느끼다

앞서거니 뒤서거니
언덕을 따라 능선을 따라
바람처럼 구름처럼 흐르다 왔다.

기나긴 세월의 간극도
서로는 잊고
외로이 서 있는 자신을
더러는 버리고

석룡산 정상에서 마음을 열어
사랑처럼 흘러내리는 계곡물에
우리는
다함께 발을 담구었다.

인생의 여로를 서로 쓰다듬으며
나눠 마신 한 잔 술에
우정은 새싹으로 돋았다.

사랑의 나그네

백 년 형을 선고 받은 나는
사랑의 나그네.

누구에게도 다가갈 수 없고
누구도
받아들일 수 없는
고요한 사랑의 집시.

달빛을 좇아 가다
그림자 위에 멈춰
벌거벗은 겨울 산의 여울을 바라본다.

어디로 가야지?

사랑의 나그네에겐
달밤도
고통의 형이더라.

사랑을 찾아서

황무지로 변한
나의 영혼에
푸른 초원을 가꾸시던 당신은

청포도가 싱그러운 7월의 이른 아침
이슬 같은 미소를 머금고
마침내 살며시 오셨다지요.

하늘빛 희망을 담아
뭉게뭉게 부풀어 가는 그리움과 보고픔을 안고
그렇게 오셨다지요.

따가운 햇살로
앞마당 이슬이 마르기 전에
새벽길 돌아서서
호숫가에서 오셨다지요.

여명!
그 빛을 타고
우리의 궁전으로 오셨다지요.

사랑의 자유

사랑하는 자유가 있다는 게
얼마나 다행인지

그 자유가 속박을 벗어나
참 자유인 것을 깨달을 때
세상은 더 넓어질 거야

삶 속의 사랑과
관념 속의 사랑을 공유할 수 있는
자유가 주어진 것이 얼마나 다행인지.

'그대는 자유의 몸' 임을
외친 칼릴 지브란은
영혼의 카타르시스를 얻었구나.

우리는 하나였을까?

억겁의 세월을 거슬러 올라가면
그곳에서는 우리가 하나였을까?

파초의 치마폭에 구슬처럼 흘러내리는
그때의 이슬을 나누어 마시며
오늘을 애타게 갈망하던
한 쌍의 파랑새였을까?

싱그러운 여름햇살 아래서도
겨울의 추위를 걱정하며
삶의 뒤안길을 서성이는 우리는 진정 누구일까?

그래도 오늘은 낙조가 밀려오기 전에
삶의 환희로 회귀하자.

재회

찻잔 위에 떨리는 손 애써 외면하고
요동치는 가슴을 멀리한 채
눈빛은 실상의 벽을 직시한다.

사랑이야
너는 이미 먼 나라로 갔구나.

부질없는 이름 앞에
침묵의 그림자만 남아
그저 멍하니 세월의 벽만 바라볼 뿐.

회상의 나래도 삶의 무게를 이기지 못하더라.

황소 선생

한 굽이 모서리를 돌아
하얀 세상을 바라보며
드높은 창공으로 하염없이 날고 싶던
황소 선생!

폭포처럼 쏟아지는 목소리에
뇌성처럼 포효하던 열정이
이제 정의의 갈구를 외칠 모습은
우리들을 설레이게 한다.

도도한 세상사에 실소를 머금고
비 내리던 광장에 홀로 서 있던
시절을 잊지 않으면서

여리고 여린 가슴을 헤집고
푸르고 깊은 신념의 뿌리에서
하늘로 하늘로 솟아오를 거목이여 !

언제나 큰 바위 얼굴처럼 꿋꿋하던 기상을
역사 위에 실체로 구현하여

아! 태양처럼 찬란히 빛나는 그 모습을
다시 한 번 보고 싶다.

* 정묘년 봄 친구 황소 소동기 선생의 변호사 개업에 즈음하여 이 글을 쓰다.

고향 친구

친구야 왜 떠나지 못했니?
변화가 무서워서
부모 품이 그리워서

모질지 못한 너와
질긴 모정이
내 친구를 붙잡았구나.

친구야
그래도 네가
지킨 고향이
이 세상 어디보다
더 아름답더라.

친구에게

대지의 숨결을 따라
생의 축복을 마음껏 느껴 보자던 친구야.

자유의 공간 위에 삶의 성을 쌓고
상상의 날개 속에 희망의 정원을 가꾸어

오라!
그 산보의 자유를 맛 보거라.

미련의 그림자

바람처럼 지나가는 세월 앞에
벌거벗은 모습으로 서 있는 그림자 하나

어둠이 오면 가셨다가
태양의 등에 업혀
어느덧 길손처럼 찾아드는 너.

지우려 애쓰면 더욱 선명해지고
없애려 애쓰면 한층 강해지는 얄궂은
미련의 그림자.

동네가 산책길을 걸어 봐도
바다 위 돛단배를 바라보아도
유령처럼 붙어 다니는 너는
그래도 나의 생명의 불꽃!

네가 준 삶을 향한 향수가
다시 너를 향하고 있으니
공생이라는 것이 맞지.

미련을 먹고 자란 나무 위에
추억의 가지를 치고 그리움의
열매를 맺어 가는 우리는
그런 인연의 고리.

6부
방랑의 그림자

전영근 작

발모랄 비치

갈매기 줄지은 무리 위로 하늘은
열려 있고
달빛에 흩어지는 파도소리에
가슴은 또 이리도 출렁거리나

무심한 한량들이 남긴
백사장 위 발자국들을
바다는 밤을 도와
쉼 없이 지워가고……

또 다른 주인들이 Balmoral Beach의
살결을 헤집으며 그 짙은 향기를
마음껏 마시겠지.

내 어릴 적 그리던 먼 미지의
풍경이 여기 현실로 열려 있다.
고향, 고향 같은 그 포근함 속에.

* 발모랄 비치는 시드니 모스만 지역에 있다.

차이나맨스 비치

구름 커튼을 밀치면서
하늘이 열리는 뒤편에는
쪽빛 찬란한 하늘이 있었다.

밤새 사막의 나라에서 달군 열기로
남태평양의 정열을 일구려는
그 준비의 찰나!

미친년의 머릿결처럼 산발해 있는
구름 살결에
핏빛 서광을 비추면서
불꽃을 지피고 있더라.

야산으로 둘러싸인 호수 같은
차이나맨스 비치 앞바다.

그 산과 하늘 속의 구름 산 사이로
임금님이 나아가실 해맑은 하늘 길을
신하들이 열어 놓았다.
코발트 블루 그 길을!

태초에 동천은 이렇게 열리고 했으리라.

푸름과 붉음으로 오묘하게 채색된
하늘나라의 경이로움이

반사된 물결은
또 하나의 수국을 만들었다.

나는 보았다.
하늘, 땅, 바다, 산, 나무, 구름, 갈매기, 모래밭, 요트, 숨은 햇살이
만들어 내는 그 광란의 아침을.
조물주가 연출하는 여명의 그 숨 막히는 대 장관을…

* 차이나맨스 비치는 내가 살던 모스만 언덕 밑에 있다.

개썰매

용맹한 전사들이 앞 다투어 출전을 자원하고
목적지를 향한 일념으로
내달리니
혹한 속의 눈보란들
어찌 가는 길을 막을 손가

무더위가 싫어서
알래스카에 태어났건만
앞만 보고 내달리니
체온인들 온전할 것인가

주인과 의사소통이
이리도 원만하니
흑곰이든 백곰이든
무엇이 무서우랴

16마리가 한꺼번에
결사 항전하니
항우장사인들 어찌 당하리오

부럽다.
그 주인 됨이.

시애틀과 뉴욕

이들은 거대한 배이다.
언제나 떠날 준비가 되어 있는 모습들이더라.

빌게이츠가 아니더라도 시애틀은 세계로 항해할
모습을 갖추었고,
자유의 여신상이 없어도 뉴욕은
어구를 다 갖추고
바다가 고요해지기를 기다리는 어선과 같더라.

세상의 큰 도시는
우연偶然이 아니라
모두가 떠날 준비가 되어 있는
길손과 같더라.

몽골에서

테무진의 뇌성雷聲이 밀려온다.
이 광야에.

목마른 대지의 울음소리를 타고
칭기스칸의 말발굽 소리가 먼지 속에
자욱하다.

꿈의 세월이 흘러 가버렸구나.

덧없는 세월을 낚으려 애쓰는 이여,
말 등에 안장을 깔고
더 늦기 전에 초원의 밤으로 떠날지어다.

초롱초롱한 하늘 지붕 밑 별빛
길안내를 따라
서쪽으로 서쪽으로

그들이 갔던 길을 따라.

유목민의 피가 흐르는 것일까?

이 만남과 그 떠남 속에서
설레는 것을 보면……

연어의 축복

광활한 대양을 하염없이 누비다가
기력이 쇠해져
고향땅으로 돌아와
의구한 산천 속에 후세를 쏟아내고
그 땅속에 뼈를 묻는구나

2년 동안 익힌 지형을
4년 동안 뇌리에 담아
끝내 잊지 않고 찾아 온
초심.

태어난 곳에서
다시
죽을 수 있는
거룩한 영광이여!

대를 이어 계속될 수
축복 속에서

윤회는 정녕
너희들의 언어이런가.

베인브릿지 아일랜드의 갈매기

갈매기 녀석들이
뱃전을 안내한다.

배와 똑같은 속도로
베인브릿지 섬에 올 때도 갈 때도……

할아버지 무릎 위에 앉아
우리 아버지 뱃전을 맴돌던
너희들을 바라보던,
이 세상 가장 행복했던
시간들!

그때 그 갈매기가
태평양을 건너
여기까지 왔구나.

지금 네가 있어 내가 이리 즐거운 것은
고향의 추억을 가져다주기 때문이겠지.

* 베인브릿지 아일랜드는 시애틀을 마주하고 있는 섬이다.

브라이언 파크

하얀 살도 노란 살도
그리고 검은 살도
햇살 아래 모두가 눈부시다.

푸른 융단 위에
거침없이 드러낸 자신감으로 가득한 육신들.

낮의 한 중간에 모였다가
시간 따라 줄줄이 흩어져 가는
원색의 사람들.

한 마리 비둘기가 그 속을 헤집고
이 가슴 저 가슴을 습격하더니
이내 쓸쓸한 나래 짓으로
허공 속으로 치솟아
긴 한숨을 남기고
돌아 가더라.

옛날의 향수를 남기고.

* 브라이언 파크는 맨하튼 42가에 있는 공원이다.

모스만의 산책로

아침마다 단장하고 기다리는
너를 만나며
오늘도 새벽부터 집 앞 꽃길을 나선다.

절벽 틈새 돌계단이 끝나는 그곳에는
고요와 평화로 채색된 초록빛 눈부신 터널이 있다.

'굿 모닝' 요란한 새들의 인사에
고개를 들어도
초록의 잎새들이 하늘을 막아
내 시선은 그 속에 묻히고 만다.

그 찬란한 고요 속에……

신비스런 너의 가슴살을
쓸고 내려가면
우리 애들이 하염없이
뛰놀던 잔디밭에
새벽잠을 설친 동네 개들이

오라! 자유!
그 자유를 만끽하고……

차아나맨스 비치에
맨발로 뒤로 뛰는 나를 보고

노랑머리 아가씨가
고개를 갸우뚱거려도

어쩐지 나는 지금
행복한 왕이다.

버진 아일랜드를 향해

하늘나라만큼이나 멀리 있을 듯하던
버진 아일랜드로 간다.

그때 무시로 외워대던 이름 위에
새로운 발길을 놓는다.

여긴들 못 사리야 마는
고향땅만 고집했던 선조들의 유전자가
이제는 지겨워 나를 낯선 땅으로 인도하는가?

검게 탄 여인네들의 얼굴에서
우리 어머니와 고향 아주머니들의 모습을 보았다.
살아간다는 것은 똑같나 보다.

만남이 주는 신비
그 신비가 주는 삶의 여운.

* 버진 아일랜드는 캐리비안 베이에 있는 섬이다.

아! 푸에토리코

산 펠리페 델 모로 성 위에 올라서니
거센 파도가 성벽으로 사정없이 다가와 일격을 가하곤
서서히 흰 몸으로 변해 물러가곤 한다.

산후안 바닷가에
철옹성을 쌓고 결사항전하던
스페인 군사들도
내해를 타고 들어오는 미군에게
허를 찔려 초개처럼 죽어갔구나.

살아남은 병사들은
3천 궁녀의 절개를 배워
저 성벽 위에서
바다로 뛰어 들었을 것이다.

보물섬을 찾아서

캐리비안 베이로
보물섬을 찾아 가자.

파자르도에서 피에께 섬으로 가는
뱃길을 따라
해적선을 만나 보자.

해적선이 있는 곳에
보물섬이 있으리라.

해적들이 주인이었다는
모나 섬은
구름 속에 갇혀
끝끝내
모습을 드러내지 않으니,

황금 덩어리라도 바다 속에서
솟아 오르기를 기다려 보자.

동심 속의 아내를 달래면서……

* 모나 섬은 캐리비안 베이에 있다.

웨밍웨이를 만나고 싶다

평화는 오는 것일까
오게 하는 것일까

사람 마음이 변하는 것이라는 것에 대한
확신이 생기면서
점점 자유로워져 가는 것은

평화가 온 것인가?

연륜을 따라 겸손해져 가는 자아의
심연을 보면서 평화를 오게 한 때문일까?

바닷가를 따라 삶을 옮겨 다닌
웨밍웨이는 알고 있을 것이다.

키웨스트에서, 하와이에서, 쿠바에서…

방랑자들을 위해 종을 울리는
그를 만나고 싶다.

7부
어부가 되다

박윤도 작

뱃사람이 되다

파도처럼 부서지는 하얀 고통을 담아
너에게 편지를 쓴다.

뱃사람이 되어 있다고.

새벽 찬기를 맞으며 언 작업복에 몸을 밀어 넣으니
세포들이 저절로 움츠려 든다.

동트기 전에 어장으로 나가
고기들이 뭉치기를 기다리는 시간.

추슬러도
추슬러도 지워지지 않는 안타까움과 싸우며
아침 그물을 당긴다.

어부가 되다

꿈틀거리는 가슴을 도시에 묻고
어부가 되었다.

수십 명이 떼를 지어 수백억만 마리의
멸치를 잡는 바다 사람이 되었다.

이 배 저 배가 한데 어우러져
평화로웠던 바다를 탐닉하고
빼앗은 생명들에
환호하며 만선가를 부르는 바다의 아들이 되었다.

도시가 고요히 잠들 새벽녘에 바다는
핏빛으로 물들고
도시의 거리가 발길로 바쁠 즈음이면
뱃사람들에게는 휴식이 다가온다.

두고 온 마음을 거두어
바다 위에 영원히 머무르고 싶으나
달빛 아래 밤바람은
나를 또 도시로 부른다.

꽁치 잡이

배를 달려 꽁치를 포위하고
돌을 던져 꽁치의 행로를 바꾸라.

물센 곳에 그물이 밀려
여에 감기니
꽁치 잡이보다
배와 그물이 탈 날 판이다.

물때를 타고 뭉치고 헤치는 고기를 따라
남해안의 섬을 따라
뱃길을 달려라.

흰여, 국섬, 연회섬, 자사리, 소지도(소주섬), 노대, 수우도,
뒤미도, 욕지도, 한산도, 자부랑깨, 해금강, 거제도, 쌍바리,
조도, 창선, 노도, 다대포, 감포, 추도, 매물도……

출어

어디로 가야 하나 고기잡이 배
선장은 물때를 생각해 보고
선원들은 이웃 배들의 행선지를 알아본다.

어군이 형성되는 어장을
찾아 항해하는 시간에는
형무소에서의 무용담에 귀를 기울인다.

때로는 깡 소주에 쇠 사발을 두드리면서
노래를 불러 본다.

아미야, 바구야, 문찬아, 영생아, 경복아……
지금도 다 잘 지내고 있는지?

그때 그 만선의 꿈을 이루어
다시 한 번
꽤지나 칭칭나레를 불러보고 싶다.

문학의전당 · 신작시집
해풍, 일어나다

1쇄 발행 2011년 1월 26일
2쇄 발행 2011년 3월 26일

지 은 이 강석우
펴 낸 이 김충규
펴 낸 곳 문학의전당
출판등록 제387-2003-00048호(2003년 9월 8일)

주　　소 121-718 서울특별시 마포구 공덕2동 404번지 풍림VIP빌딩 202호
전화번호 02-852-1977
팩시밀리 02-852-1978
블 로 그 http://blog.naver.com/mhjd2003
전자우편 mhjd2003@naver.com

I S B N 978-89-93481-81-5　03810